MON COQ
edition

SABINE HAHN

Los WORLD Hockey-Kids

El libro de actividades interactivo con vídeos

Max
Lena
Lars

Acerca del libro

A Lena, Max y Lars les espera una gran aventura aunque sea un otoño gris y estén en una nueva escuela...

Sin que se den cuenta, todo empieza y, con ellos también os encontráis vosotros, ya que veréis entre las páginas la sección: "¡Y ahora TÚ!"

Rápido, coged vuestros sticks y probad los muchos súper trucos que los Hockey-Kids aprenden en este libro. Seguid las páginas y hacedlo al mismo tiempo que ellos.

¿Queréis echar primero un vistazo? –
¡Ningún problema! En las páginas interactivas "¡Y ahora TÚ!" encontraréis a la derecha del pie de página un código QR que podéis "fotografiar" con vuestro móvil y llegar directamente al vídeo*. Allí podréis ver a los verdaderos WORLD Hockey-Kids y luego intentarlo vosotros mismos.

¿No habéis tenido bastante? Con la autorización y participación de vuestros padres, enviadnos* vuestros dibujos, fotos y vídeos junto a este libro y enseñadnos los trucos que habéis entrenado y nosotros los colgaremos en nuestra página web.

De esta manera seréis los verdaderos WORLD Hockey-Kids... todos vosotros... de todas partes del mundo.

Y ahora - divertíos mucho con este último libro, único y genial:

¡Bienvenidos a Los WORLD Hockey-Kids!

Vuestra Sabine & Los Hockey-Kids

#worldhockeykids

Vídeos : YouTube : "Autorin Sabine Hahn"

*Podréis encontrar consejos de internet y direcciones para vuestros envíos al principio del libro en la sección dedicada a vuestros padres.

Información bibliográfica de la biblioteca nacional alemana: La biblioteca nacional alemana registra esta publicación en la bibliografía nacional alemana: los datos bibliográficos detallados pueden consultarse en http://dnb.dnb.de

Registro Frankfurt del Meno HRA 48866
Concepto del libro, texto, ilustración y diseño de la portada: Sabine Hahn
Traducción española: Sandra García de Castro
Revisión: María López Eguilaz
Editor: MON COQ edition e.K., de-Neufville-Str. 40,
60599 Frankfurt/Main (D), info@moncoq.com, www.moncoq.com
Producción: Libri Plureos GmbH, Friedensallee 273, 22763 Hamburg (D)
Edición revisada 2025
ISBN del libro: 978-3-9822387-7-7, ISBN del ebook: 978-3-9822387-8-4

Enviadnos vuestros trucos y descubrid más cosas sobre Los WORLD Hockey-Kids en www.moncoq.com & www.sabinehahn.net ←

Queridos padres y madres,
Os recordamos que no nos hacemos responsables de las lesiones o daños que vuestros hijos puedan sufrir al jugar o intentar jugar al hockey llenos de entusiasmo. Igualmente con el comportamiento de vuestros hijos e internet. La búsqueda de técnicas de hockey y la invitación que podríamos hacer para ello con este libro no nos responsabiliza de dificultades de cualquier tipo. Por favor, acompañad a vuestros hijos para navegar por internet, ayudadles para que aprendan a moverse por la red teniendo en cuenta los derechos de autor y los derechos individuales.
Vuestra Sabine Hahn & Los Hockey-Kids

Las acciones y las personas que aparecen en este libro son personajes de ficción. Cualquier similitud con personas vivas o reales es un puro azar.

Índice

#1 Ningún día se parece a otro

"¡Ya me dormí otra vez! ¡Jolín!". Lars se despierta de golpe, se quita la colcha de encima y de un salto saca las piernas por el borde de la cama casi cayéndose al suelo. Por suerte, aún está a tiempo para llegar puntual a la escuela, piensa mirando el despertador con cara dudosa.

Se viste, coge su móvil y, tropezando con su mochila, aterriza directamente en el cuarto de baño. Después de haberse lavado como un gato y sin desayunar sale corriendo de casa...

De esta manera van pasando los días. Sus padres no saben ya qué hacer e, incluso Lena y Max, desde hace algún tiempo, prefieren esperarle directamente delante de la escuela para no llegar también tarde. Sin aliento, hoy también llega en el último momento.

"Colega, llegas por los pelos... ", murmura Lena. Max suspira encogiendo los hombros. Empieza otro nuevo día de clase.

Otra vez más, la mañana es agitada. Las primeras horas de clase ya parecen interminables y tan duras como un viejo chicle.

Más tarde, cuando todos salen durante el descanso, un viento de otoño frío barre el patio de la escuela trayendo hacia ellos la hojarasca. Silenciosas, las viejas hojas marrones se mueven haciendo torbellinos entre los innombrables alumnos y aterrizan finalmente a los pies de Lena, Max y Lars. Desde el muro gris, los tres amigos observan con desdeño su nueva escuela y todo lo que les rodea. Mientras tanto, a sus pies, las hojas se van amontonando.

"¡Estúpida evaluación de mates!", se queja Max, "¡Podría haberme ahorrado la lección! ¡Y Paula sin dejarme copiar!"

Abatido, se enfada con la evaluación, aunque la ha terminado, y con su compañera de mesa que ha escondido sus respuestas con la mano. Dando una patada a un montón de hojas Lars dice: "Jo... ¡no me lo puedo creer! ¡Los ejercicios han vuelto a ser demasiado difíciles!".

Lena, pensativa, se dice a sí misma que esta vez ha tenido más suerte. El nuevo profesor no es nada malo. Lo de hoy solo ha sido la última lección que habían hecho en clase y no le ha ido tan mal.

De golpe se oye un discreto "Ding" desde el pantalón de Max. "¡Deberías saber que el móvil está prohibido en la escuela!", le regaña Lena, "¡Más vale que lo apagues rápido!".

Max manipula torpemente el viejo móvil rayado y pasado de moda que ha "heredado" de su madre mientras intenta esconderlo. Por suerte nadie lo ha visto... o sí:

"¡Vaya hombre Max! ¿Esta cosa da señales de humo... o escondes una paloma mensajera? ¡Gorogorogoro, gorogorogoro!".

El pequeño grupo de gamberros se dirige gorjeando hacia Lena, Max y Lars.

Leo, el cabecilla, agita con la mano su móvil brillante completamente nuevo. Incluso con este mal tiempo reluce resplandeciente. Imposible de esconder a esos cuatro lo repletos de ira que están.

"Vamos...", murmura Lena, "¡larguémonos rápido!". Determinada coge a sus dos amigos por el brazo y juntos entran en el gran edificio.

"¡Ya es la enésima vez que este imbécil me saca de quicio!", grita Max mientras cruzan el vestíbulo de la escuela. "¡Y todo esto porque mis padres no pueden comprarme un móvil nuevo!"

Abatido, se sienta en la esquina del banco del comedor. Lena y Lars se deslizan a su lado.

"¡Qué te crees, parece que son carísimos... !", dice Lena intentando calmarle, "No te preocupes. Yo ni siquiera tengo uno".

"¿Y?", le vuelve a gritar Max. "Las otras chicas también te molestan! ¡Pandilla de berzotas! ¿Crees que no las he visto?".

Lars mira a Max primero y luego sorprende a Lena. Sintiéndolo, baja la cabeza y mirándose la punta de los zapatos suspira:

"Bueno dejémosles. ¡Lo principal es que nos tenemos a NOSOTROS! Y lo más importante es que Lars tiene un súper móvil. Eso es lo que cuenta".

Lars está terminando su agua con gas cuando Lena le coge por el brazo llena de alegría. Pensativo, se acuerda lo bien que disimuló cuando, en un momento de agitación, el móvil se le cayó al váter.

¡Vaya engorro! Desde entonces, lo tiene en casa dentro de un bol repleto del carísimo arroz *basmati* de su madre con la esperanza de que una vez seco vuelva a funcionar.

"Sí, vale tengo uno. Pero, no hace falta que lo vayas diciendo, ¿vale? Hoy no lo traigo. ¿Lo veis?", dice Lars enseñándoles los bolsillos vacíos. "¡Ah... anda, vamos a la heladería!". Sin darse cuenta, suena la campana recordándoles que hay que volver a clase.

#2 Ruidos llenos de secretos

Por la tarde, tal y como habían decidido, los tres amigos salen de la heladería con un gran helado en las manos paseándose por el barrio.

"Qué pena que mañana ya cierre. Solo reabren en primavera. ¡Vamos a hacer una larga abstinencia de helados!", dice Lena.

"La estación del helado se ha terminado... ¡como la temporada de hockey hierba!", constata Lars, "¿Lo sabéis, no? ¡Allí detrás se encuentra el pabellón! ¡Es donde hemos jugado durante el invierno!".

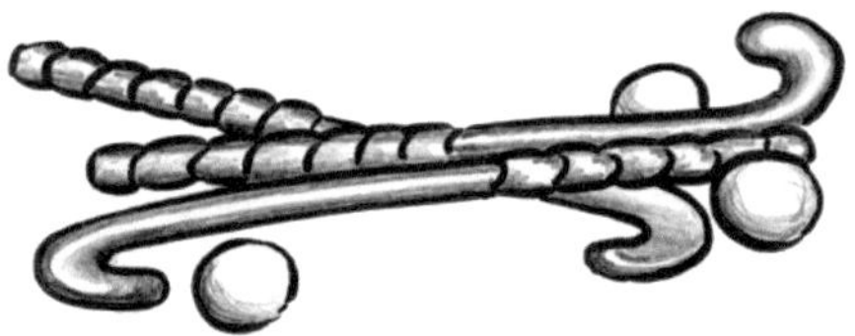

Cada uno se sumerge en sus pensamientos cambiando de rumbo y recordando las maravillosas horas en el club con todos sus amigos. ¡Qué pena que Tom, Clara y Ana ahora vayan a otra escuela y que ya no jueguen al hockey! Es cierto que, con el cambio de escuela, los padres van al unísono pensando que los niños tienen que concentrarse primero en los estudios. ¿Y si los adultos tuvieran razón? Lena tiene sus dudas: nunca antes había tenido tantas pocas ganas de estudiar; nunca antes la escuela le había gustado tan poco.

Justamente ahora enfrente del pabellón Lena se daba cuenta de cuánto echaba de menos esas emocionantes horas de hockey y a sus amigos.

Súbitamente, Max sale de sus pensamientos: "¿Habéis oído esos ruidos? ¡Parece como si alguien estuviera jugando al hockey!". Entusiasmado, se limpia la boca de helado con el dorso de la mano.

Atónitos, Lena y Lars se paran de golpe... Un coche se acerca tronando y al otro lado de la calle un perro está ladrándole a una ardilla, mientras a lo lejos una taladradora se pelea con el asfalto.

¡Tiene razón! ¡Ahora también lo escuchan! Un ruido familiar les llega a sus oídos de un sitio cercano.

"No sé...", piensa Lena, "Podrían ser sticks y pelotas. Pero, ¿Aquí? ¡Aquí no hay nada!".

Entonces Lena se tranquiliza; a lo largo de la calle solo aparecen casas, un supermercado, una peluquería y un taller de coches abandonado. Aun así, los tres amigos van siguiendo el ruido que, a cada paso, se va haciendo más claro y audible. Al llegar al taller de coches se paran y escuchan.

¡Pues es verdad! Detrás de esta puerta corredera metálica el ruido se oye fuerte y claro, con una relajante música de fondo.

Nerviosos, los Hockey-Kids se aprietan unos contra otros para echar una ojeada a través de una pequeña rendija de la puerta. Tres chicos vestidos de negro se encuentran en una especie de garaje oscuro entre neumáticos, grandes tubos e innombrables pelotas de hockey. Cada uno sostiene un stick y parece que se están entrenando muy concentrados.

Detrás, a través de la flotante polvareda, dos proyectores iluminan débilmente el oscuro garaje.

"¡Apártate, no veo nada!", se queja Lena.

"¡Psst, sino nos van a oír!", susurra Max enfadado, "¿Habéis visto lo altos que son?". Todo le parece misterioso pero, aún asustado, echa una ojeada por la pequeña rendija.

Lars, de lo contrario, está extasiado: "¡Uau!", exclama, "¡Qué gallina eres! ¡Pero si molan mucho! ¿Has visto lo que son capaces de hacer? ¡Qué pasada!".

"Bueno... qué quieres que te diga, la pelota está demasiado pegada al stick...", replica Max con menosprecio.

Al contrario Lena observa silenciosa. ¡No había visto nunca nada igual! Uno de los chicos agita su stick en el aire y lo hace girar varias veces. Al mismo tiempo, la pelota que volaba por los aires cae segura aterrizando precisamente donde se encuentra el stick.

"¡Pff, y un jamón! ¡Qué está pegada os digo! ¡Lo están haciendo! ¿No lo ves?", Lars golpea a Max en el costado con su codo aparentemente muy impresionado.

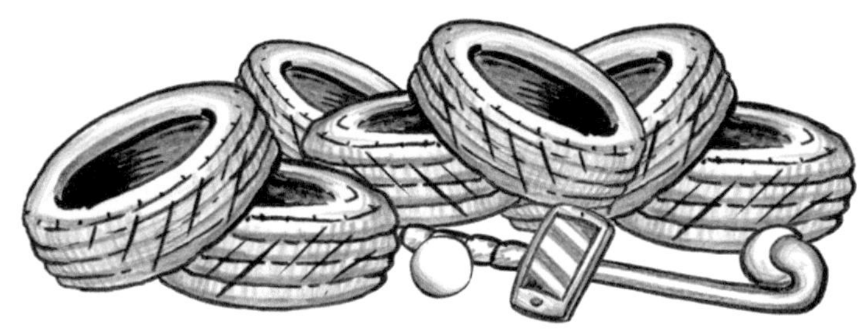

Ambos empiezan a hablar fuerte hasta que, de golpe, la gran puerta oxidada chirría al abrirse hacia un lado y los tres jóvenes salen hacia fuera.

Boquiabiertos y en absoluto silencio se quedan Max y Lars, mirándolos fijamente. Lena puede sentir su pulso en el cuello.

Entonces, los tres chicos empiezan a reír y uno de ellos dice: "Os hemos asustado, ¿verdad?".

Lena, Max y Lars aterrorizados niegan con la cabeza pero se tranquilizan rápidamente. Los tres chicos parecen simpáticos y solo un pelín más grandes que ellos.

“¿Queréis entrar? ¿Sabéis jugar al hockey?”, pregunta el segundo. Lars asiente entusiasmado:

“¡Claro, ha sido súper chulo! Pero este taller no es un terreno de juego de verdad. ¿Cómo lo hacéis para los trucos?”.

Mirando a su alrededor y, soltando un gallo de entusiasmo, explica: “El año pasado jugamos a hockey, pero por desgracia, en la nueva escuela no hay”.

“¡Sí, vaya rollo!”, opina Max, “Nuestros padres dicen que ahora tenemos que concentrarnos en los estudios, pero yo creo que es una tontería”.

Lena asiente: “Y además, ahora solo nos quedan unos viejos sticks que ya no sirven”.

“¡Eso no importa!”, opina el tercero, “Os podéis divertir igual, qué más da si los sticks son nuevos o viejos, de todas maneras podéis realizar trucos muy guapos. Para ello no es necesario tener un terreno de juego... dondequiera se puede jugar un partido chulo... ¡en cualquier sitio! Yo creo que quizás deberíais hablar de nuevo con vuestros padres; sobre la escuela y el hockey. El deporte es siempre el mejor aliado para combatir el estrés. Por cierto, yo me llamo Bob. Y estos son Dave y Ron. Juntos somos los *Hockey Bros.*", explica con una mirada de complicidad abrazando a sus dos amigos por los hombros y guiñando el ojo.

"¡A ha!", piensa Max mirando el grupo.

Mientras intenta recordar donde ha oído antes esta palabra de "Bros.", Lena memoriza convencida los tres nombres y Lars presenta a sus amigos:

"Estos son Lena y Max. Y yo me llamo Lars... juntos somos los *Hockey-Kids*". Orgulloso estrecha fuertemente a sus dos amigos y sonríe presumidamente.

"¿Sabéis una cosa Hockey-Kids? Los trucos se mejoran a base de entrenamiento...", les dice Ron. Entonces se descubre la cabeza quitándose la capucha de su sudadera y aparece su pelo corto y desordenado.

"Cuando más se entrena, mejor se juega. Lo más importante es continuar trabajando para poder mejorar... Coged nuestros sticks. Tengo una idea".

#3 Una ventana al mundo del Hockey

Poco después, ya se encuentran Lena, Max y Lars al fondo del taller uno al lado del otro en fila; cada uno con el stick de sus nuevos amigos entre las manos y una pelota en los pies. Lars se balancea indiferente al ritmo de la música. Impacientes ven como Ron, Bob y Dave apartan los neumáticos hacia los lados para despejar el "terreno de juego" y prepararles un ejercicio. Se llama "Hockey Ball Evasion". "¿Sabéis lo qué es?", pregunta Max discretamente. "¡Ni idea!", responde Lars. Lena solo se encoje de hombros. Los tres están de acuerdo en que tienen que mejorar su inglés rápidamente. Todos estos nuevos nombres que utilizan los "Hockey Bros." ... ¡suenan tan guays!

"¿Estáis preparados?", les pregunta Dave desde el otro lado. Los Hockey-Kids asienten y empiezan enseguida. Mientras Lena, Max y Lars tienen que dirigir la pelota driblando hacia el lado opuesto, sus tres amigos les van lanzando nuevas pelotas en medio del recorrido, como una avalancha.

¡Y ahora TÚ!

¡Ven y forma parte de los WORLD Hockey-Kids!

↷ Fácil

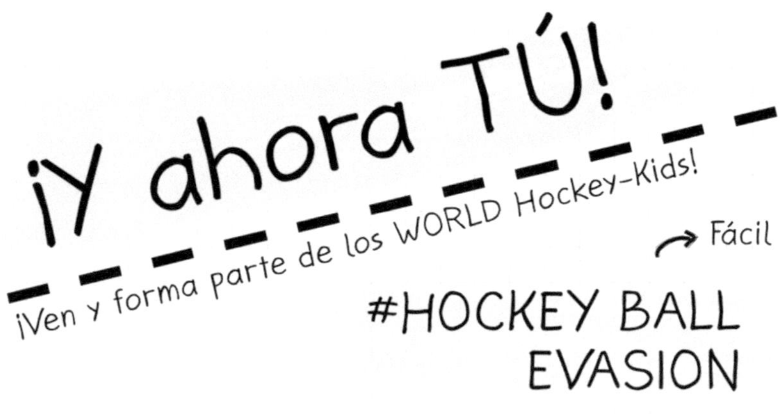

#HOCKEY BALL EVASION

Conduce tu pelota delante de tu cuerpo y rechaza las pelotas que te van llegando.

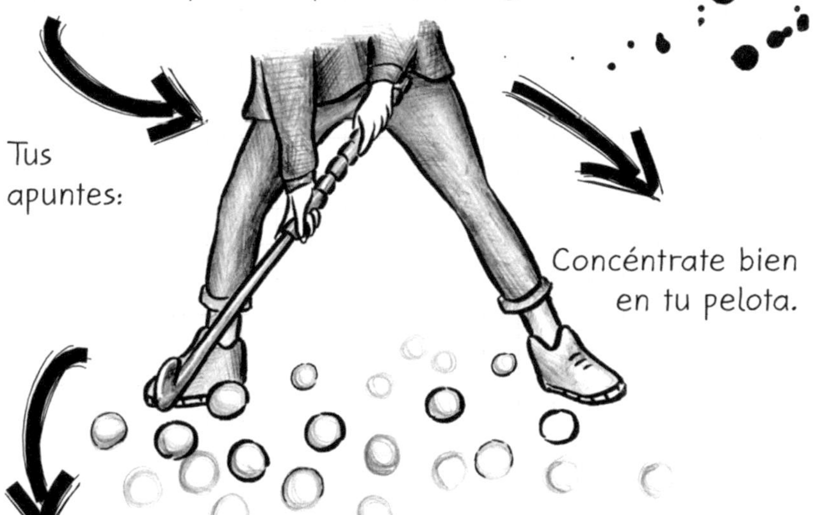

Tus apuntes:

Concéntrate bien en tu pelota.

Ve driblando dando pequeños pasos hacia delante.

¡Descubre el truco en este vídeo!

Los Hockey-Kids tienen que esquivarlas sin tocarlas. Como en un vídeojuego, cada uno tiene que dirigir la pelota rápido como un rayo de izquierda a derecha y de derecha a izquierda yendo y viniendo. Haciendo pasos pequeños van avanzando y superando los obstáculos. Las rondas se van siguiendo una detrás de otra. A veces gana Max, a veces Lars y a veces Lena.

Los seis nuevos amigos se lo están pasando tan bien juntos que casi se olvidan de la hora que es. Cuando Dave mira su móvil, asombrado les dice que ya deben irse.

"¡Podéis volver cuando queráis!", les dice. "Esto es de mi tío. El taller es de él, desde aquí grabamos nuevos trucos".

Los tres Hockey-Kids están entusiasmados. "¡Claro que sí!", se alegran, "¡Mañana mismo!".

Lars dice pensativo: "¿Y qué hacéis con vuestro vídeo?".

"Bueno, los colgamos como hacemos con las fotos de nuestros trucos".

Entonces coge su móvil y con la punta del dedo sobre la pequeña pantalla les enseña miles de fotos y vídeos de hockey.

"¡Esto es chulísimo!", opina Max, "¿Pero por qué lo hacéis? Quiero decir que trucos como estos no se pueden realizar en un partido, ¿no?".

"No todos... ", contesta Dave asintiendo, "Pero, precisamente no lo hacemos por eso, sino que lo hacemos para aprender a sentir más la pelota.

Quien puede realizar estos trucos, durante el partido es capaz de no perder la pelota, de controlarla mejor y poder sorprender a su adversario".

Después de pensar un momento, continúa: "Los vídeos son para que nos vean a través de internet. Para mucha gente es la única posibilidad que tienen para entrenarse, aprender y disfrutar del hockey. Muchos viven apartados, en la pobreza o aislados y nadie a su alrededor conoce el hockey. A veces, echar una ojeada a internet es posible y les ofrece una maravillosa ventana al mundo".

Entonces, Bob pregunta: "¿Te has dado cuenta de cuán rápido ha pasado el tiempo?". Max niega con la cabeza. "¿Y mientras jugabas al hockey, has pensado en un instante en la escuela o en otros de tus problemas?".

Los tres Hockey-Kids mueven la cabeza hacia los lados y empiezan, poco a poco, a entenderlo todo.

"Veis, esto es lo que aporta el hockey de diferente. Mientras juegas al hockey, eres libre, por unos instantes te olvidas de tus problemas o no piensas en la escuela, solo existe la felicidad".

Max reflexiona: "¡Claro! Y mientras tanto, si no tenemos entrenamientos ni amigos, no tenemos que esperar eternamente hasta que llegue de nuevo el equipo de verdad... ".

"Sino que siempre podemos afrontar nuevos retos y sentirse por ello igual de felices", finaliza Ron la frase de Max, "¡Lo más importante es divertirse siempre!".

Silenciosos, Lena, Max y Lars piensan sobre ello mientras Dave vuelve a mirar a su móvil. Nerviosos, los tres estiran el cuello para intentar ver algo. En la pantalla van pasando imágenes de todo el mundo.

"¿Es una chica?", Lena pregunta súbitamente mirándolos.

"Pues sí, como os hemos dicho, hay muchos grupos igual que nosotros: en cualquier lugar la gente se divierte jugando al hockey. Cada uno a su manera, como saben jugar", explica Dave.

"Del mismo modo con los trucos... ", añade Ron, "Muchos se entrenan, nos envían sus fotos o vídeos o nos explican cosas sobre el hockey en sus países".

Dave asiente: "Igual que la chica aquí. ¿La ves? Se llama Sarah y es de Canadá, lo pone aquí abajo. Un país tan inmenso donde se juega mucho al hockey sobre hielo, pero muy poco al hockey hierba".

"Evidente", dice Max al móvil, "¿Ves lo que se puede hacer con internet? Mis padres solo leen el periódico... bueno y yo juego un poco... ", admite. ¿Y si también puede hacer vídeos con su viejo móvil? Hasta ahora sus fotos siempre salen un poco borrosas.

Dave, Ron y Bob no pueden evitar reírse: "Sí, nosotros también lo hacemos. ¿Sabéis qué? Volved mañana, así podréis ver como filmamos".

Mientras, Lars, abatido y algo triste, piensa en su móvil dentro del bol de arroz en su casa. Lena aún está mirando fijamente, pensativa, la foto de Sarah en la pequeña pantalla. Se puede leer: "¡I love my hockeyfamily!".

En ese pequeño móvil existe una verdadera hockeyfamilia mundial. ¡Qué buena idea! ¿Quién debe formar parte de esta familia?

Y, ¿desde dónde han sido enviados todos estos vídeos? Ansiosa, Lena no cree que pueda esperar hasta mañana para conocer las respuestas.

#4 Renovando lo viejo

Al día siguiente, Lena, Max y Lars están sentados en el comedor durante su pausa.

"¡Ostras!, ¿Qué le ha pasado a tus manos?", pregunta Lena al descubrir los dedos manchados de negro de Max. Asqueados, contemplan como éste se mete las lonchas de pepinillo en la boca con esas manos.

"¡Qué asco!", dice Lars desde su lado.

"¿Ah, esto?, ayer por la noche estuve arreglando mi viejo stick. ¡Tenía tan mala pinta! Así que lo he pintado entero con un barniz negro. Ya habéis visto lo chulos que son los de Ron, Dave y Bob. ¡Ahora el mío brilla como los suyos!", y cruza los brazos inclinándose hacia detrás orgulloso.

"¡Pues no es una mala idea!", opina Lars, "¿Y pega bien?".

"¡No veas!", asiente Max riendo, "¡Sobre todo en las manos... y en los pepinillos! ¡Ya lo ves!".

Por la tarde, ya se encuentran esperando ilusionados delante de la gran puerta metálica del garaje; cada uno con su stick negro reluciente en unas manos repletas de manchas negruzcas.

Desde fuera se oye débilmente a sus tres nuevos amigos jugar al hockey y a una música muy guay. Lars duda de si tiene que tocar fuerte a la puerta. Entonces, Max tira de ella hacia un lado casi atrapando los dedos de su amigo.

Con determinación, Max y sus dos amigos entran y dicen gritando: "¡Hola chicos!", dicen agitando sus sticks efusivamente de un lado para otro. "¡Eh, hola!", les contestan.

Los tres se quedan parados: en medio del taller, Ron, concentrado, curva su espalda hacia detrás mirando fijamente el cielo. Está sujetando su stick horizontalmente por encima de su cabeza y, sobre éste, rueda una pelota de hockey.

Max y Lars se lo miran boquiabiertos, mientras que Lena espera solo que la pelota no se le caiga encima y respira aliviada al ver que Ron consigue realizar este ejercicio.

Sonriendo, se acerca a los Hockey-Kids dándose cuenta en seguida de esos dedos repletos de manchas negras. "¿Ya estáis aquí? ¡Y habéis traído vuestros sticks! ¡Qué bien! Pero, no parecen tan viejos como habíais dicho", les dice guiñando el ojo.

Max sonríe con malicia al mismo tiempo que esconde los dedos: "Bueno... ¡ahora ya podemos ser los WORLD Hockey-Kids!".

Lars se lanza preguntando: "¿Nos podéis enseñar un par de trucos?".

"¡Claro!", responde Bob acercándose. Juntos les enseñan un ejercicio nuevo. Se llama "On The Edge" y no es muy fácil.

"Ahora ya habéis intentado mantener el mayor tiempo posible el control la pelota, ya sea jugando con ella o intentando aproximarla lo máximo a lo largo de una línea sin rebasarla. Intentadlo de nuevo pero esta vez con el borde lateral estrecho del stick".

"¡Pero durante el partido la pelota solamente se tiene que jugar con la parte plana!", precisa Lena.

"Sí... ya. Pero ahora se trata de trabajar para sentir la pelota. Si lo conseguís aquí, durante un partido con la parte plana, ¡lo haréis con los ojos cerrados!", les explica Ron.

Y así, los tres amigos, se sumergen concentrados, rodeados por ese ruido brusco y uniforme de la pelota y una suave música de fondo.

¡Y ahora TÚ!

¡Ven y forma parte de los WORLD Hockey-Kids!

Fácil

#ON THE EDGE

En cuanto puedas, intenta hacer rebotar hacia arriba la pelota por la parte más estrecha del stick.

Tus apuntes:

Mira solo a la pelota.

Deja el stick paralelo al suelo.

¡Descubre el truco en este vídeo!

#5 La vuelta al mundo con la Hockeyfamilia

Lena, contenta, se permite una pausa sentándose al lado de Dave. "¿Ha vuelto a escribir algo Sarah?", pregunta exaltada.

"Mmm... ni idea", responde, "pero otra gente sí que ha escrito cosas sobre el hockey. Mira, ¡vaya clase tienen!".

Con su dedo activa una foto que se pone en movimiento al instante: un grupo de chicos y chicas con pinta de espabilados y de pelo oscuro, aparecen alborotados en un campo de hierba artificial.

Uno de ellos, Sotaro, y una chica se acercan corriendo y, sonrientes, explican lo bien que se lo pasan allí, en su club. Detrás de ellos, los otros niños persiguen con sus sticks una pelota, mientras Lena, preocupada, ve que el inglés que hablan los dos niños es demasiado rápido para ella.

Al darse cuenta, Dave le explica: "Su hermana Sakura y él viven en Japón. ¿Ves las bonitas casas ahí detrás? ¿Las que tienen una punta en el tejado? ¿Y esos bonitos árboles?".

Lena se queda mirando impresionada los ojos con forma de almendra de los dos niños. ¿Japón? Pero, ¡sí está muy lejos! Se queda pasmada al ver las deslumbrantes camisetas amarillas de ambos en las que aparece una bonita escritura exótica, probablemente el nombre del club.

"En todo caso, a los dos les encanta el hockey por los nuevos retos que hay que superar y también por la precisión de este deporte. Por ello, lo encuentran muy divertido y con sus numerosos amigos se encuentran hasta cuatro veces por semana para entrenarse y ver cómo progresan". A Lena la ambición no le sorprende, es algo que ella misma conoce bien. Cuando sujeta un stick con sus manos, no se puede controlar.

Dave continúa buscando entre sus mensajes y, fascinado, enseña a Lena cómo se puede acceder al hockey de todo el mundo a través de la pequeña pantalla.

"¿Puedo?", pregunta insegura. Sus ojos se iluminan.

"¡Claro que sí!", responde Dave. Le da el móvil mirando a los otros mientras que Lena se sumerge en otro mundo. Sus dedos se deslizan delicadamente sobre la pantalla, que va centelleando pasando del verde de un campo de hockey al amarillo de un pabellón, y de nuevo al rojo de la tierra.

Lena no se quiere perder ningún detalle de la gente y de las historias que ve y observa las imágenes una a una... por ejemplo, una de Pedro desde Argentina en el que intenta sus trucos en un campo de hierba artificial polvoriento y seco. Con cara maliciosa, sonríe a la cámara cogiendo su stick fuertemente con las manos.

¿Qué es lo que escribe? Lena lee el texto por encima y descubre, con gran alegría, un pequeño botón sobre el que se lee "traducir".

Cuando lo acciona, las letras cambian en pocos segundos haciendo que pueda entender el texto. Después de haber leído unas palabras, se da cuenta de que en Argentina, aparentemente, no existe el hockey sala; ¡Y con el calor que hace! Se estaría más fresco si se jugara en el interior, piensa Lena. O, ¿quizás no? Para Pedro jugar a hockey bajo el sol con sus amigos y en plena naturaleza es súper divertido.

Entonces, con el dedo, hace desaparecer la foto de Pedro de la pantalla. Y aparecen Rosa y sus amigos jugando a hockey, en México, todos contentos corriendo por el cemento azulado y, de nuevo, con un movimiento de su dedo, aparece la imagen siguiente...

Ahora se ve a Ben de los EEUU, a quien le da pena que su grupo de apasionados por el hockey sea tan poco numeroso.

"¡Sería tan chulo si fuéramos muchos más chicos! ¡Como en casi todo el mundo!", escribe. Continúa explicando cómo en su país solo son una minoría y que, incluso, desde hace pocos años tenían que llevar un tipo de falda para poder jugar con las chicas.

Lena no se lo cree; mueve la cabeza y se imagina qué dirían Lars y Max si ellos también tuvieran que vestirse así. Entonces, les enseña la foto donde se ven muchas chicas en un terreno de hierba artificial rodeando a un puñado de chicos.

Algunos llevan gafas especiales con rejillas. "¡I love my hockeyfamily!", dice Ben. Exactamente lo mismo que escribió Sarah ayer.

Los EEUU es un país muy grande y vasto. Lena lo ha visto en la televisión. La gente tiene que recorrer largas distancias para poder jugar contra otros equipos. Si se lo pueden permitir...

Lena piensa en el viejo móvil de Max, en la gente que no puede comprarse uno porque es demasiado caro. ¿Cómo debe ser en América? ¿Cómo lo hacen los niños que no pueden viajar porque sus familias no tienen coche o no tienen dinero? Entonces, ¿no pueden jugar al hockey?

Pensativa, Lena observa el móvil donde se ve a Ben, va pasando con la punta del dedo por encima de la pantalla hasta que ve una chica contenta y divertida.

Se llama Helena y, a medida que Lena va leyendo el texto, se da cuenta de que no solamente sus nombres se parecen mucho, sino también su manera de pensar:

"¡Me encanta el hockey! ¡No hay nada más bonito que estar junto a mi equipo! Somos una familia; como hermanos y hermanas: ¡Mi hockeyfamilia! Juntos celebramos victorias, y juntos superamos derrotas. Aquí me lo paso muy bien, olvido mis problemas y mis males... ".

¡Precisamente como se siente ella! Piensa Lena feliz aunque se queda algo sorprendida al leer la última palabra. ¿Qué males? Incrédula, continúa leyendo el mensaje de Helena y selecciona su foto para verla entera... ¡No se lo puede creer! ¡Helena está en silla de ruedas! En medio de un gran pabellón de deportes, el terreno de juego está delimitado por unas estrechas bandas de plástico.

Lena conoce estas bandas ya que en el club tenían unas similares. Lo único es que eran más anchas y más bajas que las de la foto... Detrás de las chicas, Lena reconoce una portería muy baja y larga.

¡Qué pequeña es! ¡Y qué difícil tiene que ser marcar en ella! Orgullosa, Helena sostiene su stick con las manos. Parece ser algo más ligero que el de Lena y la pala del final se termina de forma plana y como con agujeros, como si fuera una red.

Explica cómo jugaba antes al hockey hierba hasta ese día fatídico en el que, feliz, corría con sus amigos por el terreno de juego. Entonces, al cruzar una calle, un coche pasó a gran velocidad y le atropelló...

Lena traga saliva. A causa de ese terrible accidente Helena ya no podrá andar nunca más. Aun así, el placer de jugar a hockey es el mismo, solo que es otro tipo de hockey.

Lena, pensativa, devuelve el móvil a Dave sin decir nada.

"Y, ¿entonces?", le pregunta, "¿Has descubierto cosas divertidas?" Lena se queda pensando unos instantes y asintiendo con la cabeza dice entusiasmada:

"Sí, ¡he descubierto nuestra Hockeyfamilia! Tiene una súperclase y es tan enoooooooorme... y sobretodo ¡está en todo el mundo!"

Lars y Max, que se encuentran delante de ella descansando, le miran sorprendidos. Sus nuevos grandes amigos lo han entendido:

"Sí, es nuestra familia y lo mejor es que nosotros seis también formamos parte de ella". Los Hockey-Kids están encantados.

Al irse, después de haber cerrado la pesada puerta, los tres regresan contentos hacia casa. La voz de Lena resuena en su cabeza llena de excitación... finalmente, tiene muchas cosas que explicar a sus dos amigos...

#6 Un bullicioso relax

"¡Ahí va Lars! ¿De dónde demonios vienes? ¿No te has dormido?", le pregunta Max a la mañana siguiente yendo hacia la escuela. Lars, que ya está esperándoles a medio camino, responde levantado los hombros:

"¡Ajá!", y da una patada a las hojas rojizas amontonadas en el suelo de otoño, "Esta mañana me he levantado muy temprano".

Lena sonríe: "¡Caramba, qué bien!". ¿Tendrán algo que ver sus nuevos amigos? ¿O son quizás las ganas de volver a jugar a hockey? Contentos con la cabeza llena de emocionantes proyectos se van los tres juntos a la escuela.

La alegría no dura mucho ya que enseguida reconocen de lejos a Leo y a su banda en la puerta de la escuela. "¡El día había empezado tan bien!", se lamenta Lena.

Entonces Max empieza a caminar dando grandes pasos: "Dejadme a mí".

Hablando exageradamente alto empieza una aparente conversación con sus dos amigos:

"Lars, ¿no opinas también que nuestros nuevos amigos, los Hockey Bros., son una verdadera pasada? ¡Y también los trucos que nos han enseñado! ¡Con ellos somos imparables! Me encanta la 'Hockey Ball Evasion'... es súper divertido pero el 'On The Edge' ¡es mega guay! Y lo que aún nos queda por ver... ¡Vamos chicos, let's go!".

Inseguro y sin decir ni una palabra, Leo y sus amigos se quedan mirándoles mientras los tres pasan por delante orgullosos. Max va el primero con la chaqueta abierta enseñando su súper camiseta blanca y negra. Cuando los Hockey-Kids entran en el edificio, a Lena ya le cuesta aguantarse la risa:

"Los tres van a pasarse el día reflexionando sobre lo que has estado contando, Max; ¡y eso que no han pillado ni la mitad! ¡Ha sido buenísimo!".

Lars también se ríe: "¿Has estado empollando inglés toda la noche o qué? Y, por cierto, ¿de dónde sale esta camiseta, es nueva?".

Un poco vergonzoso, Max girándose hacia ellos, se arranca la parte superior plana. "Nooo", dice, "Solo he pintado las bandas azules en negro".

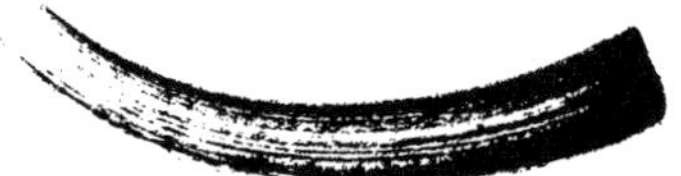

Ya le había extrañado a Lena que las bandas no parecían muy regulares. Pues lo de utilizar pintura negra no es una mala idea; sobre todo cuando piensa en sus camisetas y sudaderas rosas. Para que tengan un look más molón tendrían que encontrar algo nuevo. Eso es... Algo más chulo... Algo completamente diferente... ¿Y por qué no?

Max está contentísimo. Leo por fin les va a dejar en paz.

Mientras que Lars se satisface, después de una eternidad, de no haberse dormido esta mañana, Lena se contenta de la súper tarde de hockey que les espera con sus nuevos amigos.

El día pasa volando e incluso, excepcionalmente, acaban los deberes en un plis plas. Y así, ya se encuentran los tres amigos dirigiéndose hacia el garaje.

Una vez allí, al abrir la oxidada puerta, se sorprenden del silencio existente. Ni música, ni ruido de pelotas.

"¡Oh, no! ¿Y si ya se han ido?", sospecha Lena aterrada. A lo largo y ancho, no se ve a nadie en el garaje. Solo se ve una pelota abandonada en un neumático que está de pie. Con su stick, Lars hace pasar la pelota de un lado para otro.

"¡Mirad!", grita Max de golpe y porrazo entusiasmado y sus amigos se giran hacia él. En el lado interior de la puerta hay una hoja de papel pegada. La lee en voz alta:

"Hola Hockey-Kids. Hoy iremos al viejo puerto. Si queréis podéis entrenar aquí solos en el taller o podéis venir con nosotros. Nos encontraréis al lado de la vieja grúa abandonada.

Vuestros amigos, Dave, Bob & Ron... ".

"¡Yo conozco el viejo puerto!", vocifera Lars emocionado, "¡Solo está a una manzana de aquí!".

"¡Sí, es donde hay el gran parque infantil con la pista de skate abandonada!", dice Lena. Asintiendo, se van corriendo los tres.

#7 El descubrimiento del Bowl

Ya en el puerto, ven a lo lejos una pequeña multitud de gente en las viejas instalaciones de skate al lado de la grúa.

Desde el profundo "skatebowl", se ve una pelota alzarse mientras la muchedumbre charla y silba de entusiasmo.

"¡Vaya!", dice tímidamente Lena, "Hoy no habrá ningún encuentro tranquilo entre nosotros". Con cuidado se apretuja con sus amigos entre los espectadores. "¡Vamos, con la poca gente que hay!", exclama Lars irónico. Max poco a poco se escabulle hacia delante: "¡Chicos, dejadme pasar!".

Sorprendidos, ambos se apartan. Como hizo por la mañana, se pone a hablar fuerte de manera exagerada. Sus dos amigos descubren rápidamente el porqué de su acción: con cara de asombro Leo y su pandilla están sentados tranquilamente en sus carísimas bicicletas rojas.

Su espectáculo continúa: "¡Ey, Ron, ya estamos aquííííí!", chilla Max mirando abajo, hacia el "bowl". Orgulloso explica hacia la dirección de Leo: "Son nuestros amigos. ¡Los Hockey Bros.! ¡ELLOS molan muchísimo!". Y, de un salto, se sienta vanidoso al lado de Lena y Lars.

Después, los tres cogen sus sticks y se acercan algo indecisos a los tres grandotes del bowl.

"¡Ya estáis aquí! ¡Venga rápido, acercaos!", les dice Dave, "¿Conocéis a esos chicos de ahí arriba?".

Señalándoles, Max responde: "Ah, son unos chulillos de la escuela. Son unos amargados. Solo saben estar todo el día encima de sus lujosos juguetes".

Dave comprende: "Es lo que me temía. Entonces, vamos a enseñarles que lo más importante no es lo que SE TIENE, sino lo que SE ES capaz de hacer".

Les guiña el ojo a los tres y, juntos, miran a Bob. "Ahora jugamos a 'Hockey Zero Gravity'; tenemos que pasarnos la pelota de izquierda a derecha haciéndola rebotar en el aire, como si fuera en el suelo, solo que haciendo volar la pelota".

Ron se arrodilla y lo graba. La muchedumbre se regocija y también los Hockey-Kids están emocionados. De golpe Bob dice gritando a Max: "¡Ahora tú!" y le pasa la pelota directamente a su stick.

Sorprendido, pero seguro de sí mismo, Max empieza haciendo rebotar la pelota por la parte plana del stick. Entonces, se concentra y prueba a hacer unos "On The Edges", tal y como aprendió el día anterior.

¡Y ahora TÚ!

¡Ven y forma parte de los WORLD Hockey-Kids!

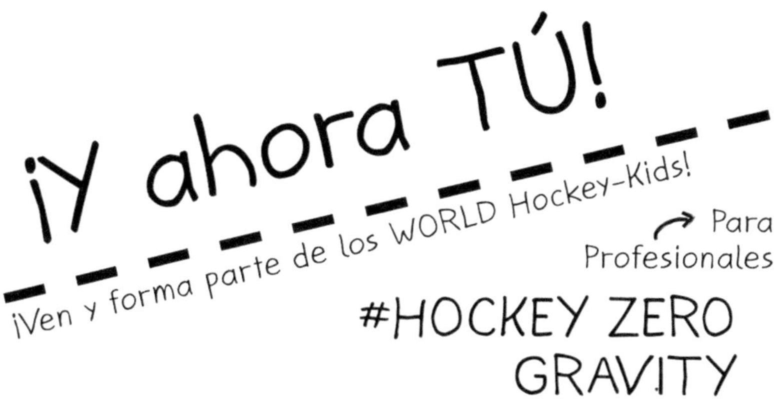

Para Profesionales

#HOCKEY ZERO GRAVITY

Haz rebotar la pelota a la altura de los ojos con un derecho y un revés.

Tus apuntes:

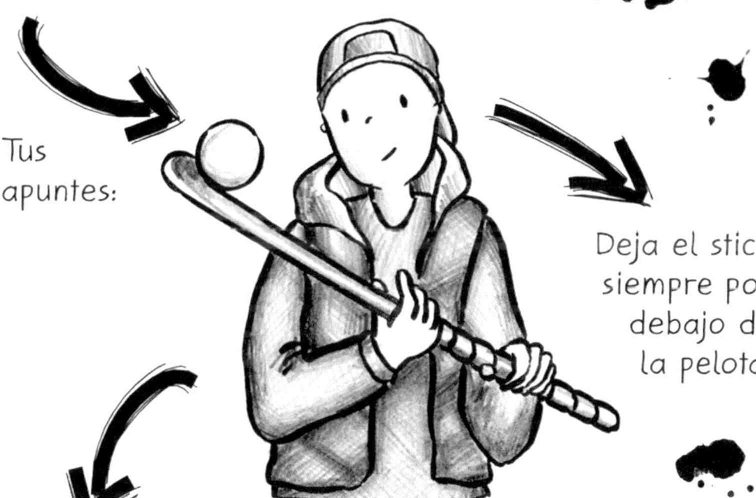

Deja el stick siempre por debajo de la pelota.

Mantente relajado con las rodillas algo flexionadas.

¡Descubre el truco en este vídeo!

De la multitud se oyen unos impresionantes "¡Ahhh!" y "¡Ohhh!" cuando la pelota baila por el lado más estrecho del stick. Mientras Max pasa la pelota a Lars hábilmente, Bob empieza a filmarles.

Todos juegan con la pelota aquí y allá y se dejan llevar por el viento. Ron y Dave van haciendo trucos chulísimos como el "Up To The Stars". Mientras tanto, Bob continúa filmando y fotografiando el espectáculo.

Cuando se toman un pequeño descanso, la mayoría de espectadores ya se ha ido y Lena, Max y Lars se sientan juntos, extenuados aunque felices.

"¡Ha sido súper guay!", dice Lars. Max asiente: "¡Espero que los chulillos de la escuela se hayan quedado pasmados! ¡Seguro que han salido pitando ofendidos!".

Bob se ríe: "Venga, dejémosles. Estoy seguro de que les hubiera gustado probarlo". Max sale de sus pensamientos con un dolor en el estómago. "Lo más importante es que VOSOTROS lo hayáis pasado bien y que hayáis olvidado el mundo que os rodea por unos momentos", opina Dave. ¡Y lo habéis conseguido! Incluso Lena se da cuenta de que no ha tenido tiempo de pensar en nada. Ha estado demasiado ocupada en intentar que la pelota no cayera al suelo, de que no tropezara o de que los otros no se rieran de ella. Solo ha existido la pelota, su stick y sus amigos...

Ron interrumpe el momento de reflexión: "Bueno dormilones, ¿no creéis que ya habéis descansado bastante? ¡Es el momento de probar otro truco! Se llama 'Magic Hockey Steps'. ¿Estáis listos?".

Lena, Max y Lars se levantan de golpe: "¡Claro que sí!". Y entonces los seis amigos empiezan un nuevo truco con la pelota: tenéis que quedaros con las piernas abiertas. Entonces, paráis la pelota delante de vosotros y la hacéis pasar entre las piernas hacia atrás. Con el stick la acompañáis para que pase por detrás del pie derecho y la recuperáis ya en movimiento para que vaya hacia adelante. Max se gira con dificultad para pasar el stick entre las piernas, pero Lena casi se cae al tropezar con éste. Incluso Lars se hace un lío con sus pies, hasta que la pelota rueda haciendo un arco por detrás de su pie y regresa hacia delante.

↗ Fácil

#MAGIC HOCKEY STEPS

Conduce la pelota con el stick por entre las piernas de delante hacia atrás.

Tus apuntes:

Recupera la pelota del lateral exterior de tu pie derecho.

Haz pasar la pelota por detrás del pie derecho que habrás puesto algo avanzado.

¡Descubre el truco en este vídeo!

Cada vez van realizando el ejercicio de manera más rápida, hasta que Lena quiere descansar un poco y se sienta al suelo al lado de Dave.

A su alrededor, los grafitis están por todas partes, del suelo a las arqueadas paredes. Por algunos sitios, la pintura se desprende.

"Bueno Lena, ¿ya te has entrenado bastante, no?". Con las mejillas rojas y sin aliento responde: "Sí, qué guay, ¡pero este 'Magic Hockey Steps' no es nada fácil!".

Entonces mira nerviosa el móvil. "¿Y qué? ¿Alguien ha escrito algo hoy?", pregunta. Dave le mira directamente a los ojos: "Pues claro... ayer, mira léelo tú misma. Este es Taio... ". Con la punta del dedo toca la pantalla y Lena lo coge llena de entusiasmo.

Mientras, Dave se levanta y tranquilamente se va con los otros chicos, mezclándose con el paisaje pintado de grafiti. Lena se sumerge en el coloreado mundo de África.

Desde allí, Taio empieza escribiendo la misma frase que muchos antes han colgado: "¡Me encanta mi hockeyfamilia!".

Impaciente, toca su foto en la pantalla para que pueda verle más de cerca. Taio orgulloso sostiene con la mano su stick; la pala redondeada se apoya en el suelo arenoso. Delante de sus pies descalzos se encuentra una pelota de hockey.

Lena va siguiendo el juego de colores; su mirada se pasea por el intenso azul del cielo encima de los sinuosos árboles verdes, pasando por el pelo negro y rizado de Taio hasta el vivo suelo rojizo aplastado por un sol ardiente. ¡Qué colores más bonitos! Lena hace empequeñecer la foto en el móvil y continúa leyendo.

El joven explica cómo él y su hermana Mapenzi vuelven de la escuela a diario descalzos. Ambos están muy contentos de poder aprender a leer y a escribir, ya que no todo el mundo tiene esta suerte.

Explica cómo un día un entrenador visitó la escuela y así empezaron a aprender a jugar a hockey.

Desde entonces, asombran a los habitantes de su pueblo cuando algunos de los alumnos persiguen una pequeña pelota con unos curiosos bastones.

Especialmente, el grandote y disfrazado "niño-robot" de la portería que suscita desconfianza. No deben olvidar que el hockey en África es un deporte prácticamente desconocido.

"Para nosotros no es nada raro que los vecinos vengan a ver a nuestros padres solo para echar un vistazo a esos 'curiosos' niños...". Taio aprecia cada momento que puede compartir con su colorido equipo de hockey.

Gracias al hockey, se olvida de las peleas y de los problemas. Es feliz y así descubre el mundo: como la semana pasada, cuando por primera vez en la vida salió de su pueblo y se fue a la ciudad con su entrenador y su equipo.

Lo mejor de todo fue la pizza que le dieron. La primera de su vida.

"¡Nunca antes había probado una!", escribe el chico desde África.

Lena sacude la cabeza. De golpe se da cuenta de lo fácil y simple que es la vida aquí. Mira la punta de sus zapatos y piensa en los pies descalzos de Taio y se angustia por primera vez: ¿qué pensarían Taio y su hermana de ella y de su vida?

Todo lo que se tiene aquí es superficial. Si lo quisiera, podría comer pizza todo el santo día, del desayuno hasta la cena.

¿Y no debería sentirse feliz por aprender a leer y a escribir y poder ir a la escuela?

Al terminar, se van los tres a clase algo tristes... mientras en otros sitios los niños serían felices si tuvieran que regresar a la escuela.

Pensativa, mira delante suyo. Mientras tanto, Max y Lars están probando otro truco.

Gritando dicen: "¡Hockey Trap!" ... "¡Ya nos sale, mira!".

Lars sostiene una pelota con su stick orgulloso, de pronto, la hace rebotar hacia arriba y, al caer, la atrapa entre su codo y el stick.

Lena aplaude entusiasmada: "¡Qué guay!", y se pone de pie de un salto. También tiene que intentarlo.

#HOCKEY TRAP

Concentrado, mantén la pelota encima de tu stick y tírala hacia arriba.

Tus apuntes:

Levanta el codo.

Atrapa la pelota entre el stick y el codo.

¡Descubre el truco en este vídeo!

De nuevo mira la foto de Taio y lee el pequeño texto inferior: "¡Gracias por los súper sticks, las pelotas y los equipamientos para el portero que nos habéis enviado! ¡Sin ellos, no podríamos jugar a hockey! ¡Gracias hockeyfamilia!".

Lena se acuerda de cuando antes con su club de hockey también enviaron sticks y pelotas a África. ¿Quién debe estar jugando ahora con eso? ¿Niños como Taio y Mapenzi?

Se queda mirando a Leo, quien, solo ahí arriba, hace como si nada con su bicicleta de último modelo, aunque va echando un ojo curioso hacia abajo.

Mientras tanto, Taio, en la tan alejada África, continúa yendo descalzo de la escuela a su casa y guardando el rebaño de su familia hasta tarde por la noche...

#8 Secretos

El siguiente día de la escuela también pasa volando para los Hockey-Kids.

Aun así, Max pregunta a sus amigos gruñendo si después regresarían juntos a sus casas: "¡Se han pasado mogollón! ¡Con tanto vocabulario estaremos haciendo deberes hasta pasado mañana!".

Saliendo de la escuela descubren a Leo y a su pandilla que parece que les están observando desde lejos.

Lars continúa la conversación: "Sí, hubiéramos tenido bastante con la mitad... ¿no crees Lena?".

Pero Lena parece ausente y en la luna de Valencia. De repente, grita al estar a punto de chocar contra una farola. Gruñendo, contesta con un simple "mhmm".

Max y Lars se miran y se preguntan. "¿Qué le pasa?". Lena lleva todo el día muy callada.

"¿Te duele la garganta, Lena? ¿Por qué no has dicho una sola palabra?".

"No has prestado atención... ¿Escondes algún secreto?", pregunta Lars y guiña un ojo con complicidad. Lena se lleva las manos a la cadera indignada y suelta un bufido: "No tengo secretos!... Solo estoy reflexionando. Y para que sepáis, he prestado atención: si hay tantas palabras de vocabulario, solo tenemos que aprenderlas más rápido. Así de simple. Sino, no podremos quedar con nuestros amigos los 'Hockey Bros.'. ¡Espabilad!".

"Eso es obvio, pero es un rollo", opina Max.

"¿Sobre qué estás reflexionando?", pregunta Lars. Curioso, continúa: "Si no es ningún secreto, nos lo puedes contar".

Lena vacila insegura. ¿Y qué pasaría si sus amigos encontraran su idea exagerada? Después de todo, no sería la primera vez que se burlan de una de sus ideas. Pero hoy no se encuentra con ánimos de aguantarles. Mientras están esperando en el semáforo rojo, se decide y, valiente con una voz firme, argumenta:

"Quiero hacer una película".

Max, que no saca la mirada del círculo rojo del semáforo, no puede creer lo que oye:

"¿Qué quieres QUÉ?... ¿Quieres decir algo como un vídeo de hockey mega guay? ¿TÚ?".

"Bueno... algo por el estilo... ", asiente Lena con la mirada algo intimidada y casi molesta por haber compartido su idea con ellos. Estaba claro que se reirían de ella.

Lars dice quejoso: "Pero si todavía no te sabes los trucos. Tendrías que haberte entrenado más con nosotros en vez de estar mirando el móvil de Dave constantemente". Max está de acuerdo con Lars:

"Sí... y encima no tienes ningún móvil para filmar. Dave necesita el suyo".

Cuando el semáforo pasa a verde, Lena esta contentísima de poder avanzar. Con los hombros caídos y aparentemente deprimida, les dice:

"¡Sois VOSOTROS los que queríais saber en qué estaba pensando! Y ahora también tengo que pedir permiso a mis padres. Siempre dicen que con Internet y con los vídeos se tiene que ir con mucho cuidado. Si no quieren, ya lo podemos olvidar todo... a no ser que tú puedas filmar con tu móvil, Lars".

"¡Ni hablar!", responde Lars como un rayo.

"¡Bueno no te enfades, solo era una pregunta!", dice Lena irritada pues se esperaba una respuesta más constructiva.

"¿Cómo queréis que os lo diga? ¡Mi teléfono no funciona y basta!", insiste Lars.

Escéptico, Max mira a Lars por el rabillo del ojo. Está seguro que ahora es ÉL quien les oculta algo. Lena también sospecha.

Incómodo, Lars se pone las manos en los bolsillos de la sudadera y, finalmente, cuando sus dos amigos se le ponen delante, admite:

"¡Oh, qué demonios! Nunca os rendís. Pero que nadie se ría". Lena y Max niegan con la cabeza, aunque Lena sigue molesta por su reacción anterior.

Entonces, ahora es Lars quien duda. Respira hondo y admite: "Se me cayó el móvil en... el agua. Lo típico... pérdida total... No hay nada que hacer... ahora ya lo sabéis todo".

"¿Cómo lo hiciste?", se queja Lena, "Es imposible".

"¿Dónde tienes tanta agua en casa para que tu móvil se pueda sumergir? Solo puedo pensar en el retrete. ¡Pero eso sería demasiado asqueroso!", responde Max disgustado.

Lars se queda en silencio y, cuando le miran a la cara, saben lo ocurrido.

"¡Diana! ¡Increíble! No pienso tocar ese teléfono con mis dedos para grabar!", dice Lena. "Bueno, doy por descartada mi idea. ¡Hasta luego!", apenada, sube las escaleras de su casa y se lamenta. Necesita pensar algo nuevo.

#9 Como por arte de magia

Por la tarde, los tres amigos intentan memorizar todo el vocabulario rápidamente y con gran concentración.

Max alucina al descubrir cómo muchas palabras están relacionadas y se pueden combinar, lo que facilita el aprendizaje. Lars ha copiado todo en su cuaderno y prácticamente se ha aprendido todo. Los dos chicos contentos y satisfechos recogen a Lena llevando sus sticks.

Ambos se habían preparado para enfrentarse al mal humor de Lena, pero éste ya se ha esfumado. Nada más llamar a la puerta, Lena aparece y baja las escaleras brincando feliz con su stick.

"¡Caramba!", susurra Max a Lars, "¡No entiendo nada! ¡Qué cambio de humor!". Lars está de acuerdo, pero, contagiados con su sonrisa, siguen a Lena, quien ya va corriendo delante de ellos.

Tal y como quedaron el día anterior, los Hockey-Kids se encuentran de nuevo con sus amigos en el viejo puerto. Al llegar, van recorriendo con la mirada la amplia instalación.

Finalmente, ven a Dave y a los otros dos en el fondo, en una especie de enorme jaula. Ron y Bob juegan veloces con varias pelotas que rebotan a la vez. Llegan por todas partes, primero tocan el suelo y luego saltan a la altura de la rodilla.

Ambos receptan las pelotas en el aire y las devuelven pegándolas como en el tenis. Lena no puede contar todas esas pelotas que van y vienen.

"¡Hola Hockey-Kids!", dice Bob bajo la capucha de su sudadera sin perder de vista las pelotas, "¡Venid, intentadlo! ¡Es súper divertido!".

Los Hockey-Kids no se hacen de rogar y enseguida Ron le lanza la primera pelota a Lena. Botando, aterriza delante de sus pies y, de inmediato, sale hacia arriba.

¡Y ahora TÚ!

¡Ven y forma parte de los WORLD Hockey-Kids!

→ Medio

#BOUNCY HOCKEY BALLS

Deja que la primera pelota venga hacia ti, recíbela levantándola y devuélvela en el aire.

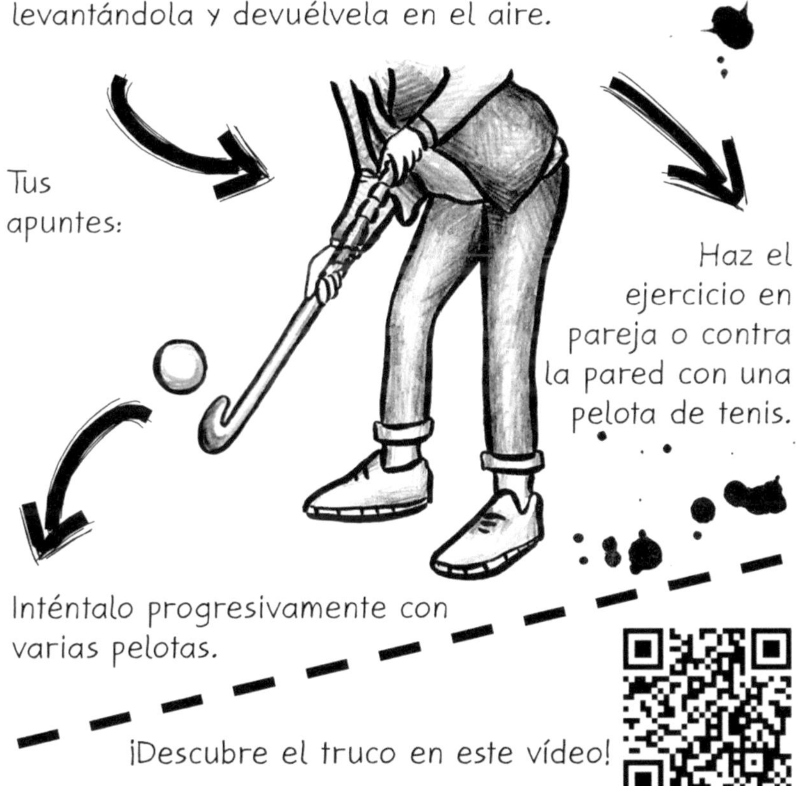

Tus apuntes:

Haz el ejercicio en pareja o contra la pared con una pelota de tenis.

Inténtalo progresivamente con varias pelotas.

¡Descubre el truco en este vídeo!

Lena la pilla desde el aire con cuidado y se la envía a Ron formando un gran arco mientras él ya le ha lanzado la segunda pelota.

¡Qué chulo es jugar con las pelotas sobre este suelo de caucho! ¡No tiene nada que ver ni con el pabellón ni con la hierba artificial!

"¡Este ejercicio se llama 'Bouncy Hockey Balls'!", les explica Bob.

Éste juega con Max concentrados en las pelotas y añadiendo una tercera al juego. Tienen cuidado para no molestar a Dave y Lars, quienes también están jugando muy cerca de ellos con cuatro pelotas. ¡Lars no se acuerda de la última vez que disfrutó tanto! Todo lo demás e incluso el aburrimiento parecen haber desaparecido.

Poco después, los seis descansan sentados al lado de la puerta metálica de la "jaula".

"¡Ha sido una pasada!", salta Lars de nuevo. Max dice contento:

"¡Sí, súper guay este 'Bouncy Hockey Balls'! ¿Y sabéis qué? A medida que iba jugando, todo el vocabulario que teníamos que aprender me ha parecido mucho más claro. ¡Como por arte de magia!".

Convencido, se da un par de golpes en la frente. Lena y Lars están de acuerdo. Ese ir y venir rítmico había sido tan relajante como estimulante.

"Y ahora hablemos de magia...", lanza Bob entusiasmado, "¡Este truco aún no lo conocéis!". Poniéndose de pie coge su stick, una pelota y, haciendo una gran reverencia, les dice: "¡Os presento... 'The Hockey Wizard'!".

Embobados se sientan delante de él en semicírculo. Con cuidado, coloca la pelota por la parte plana del stick, en la punta de la pala; la mano izquierda en la empuñadura, la derecha lejos más adelante.

Lena, Max y Lars se lo miran ansiosos y en completo silencio.

De pronto, Bob deja rodar la pelota a lo largo del mango hacia su mano derecha, levanta el stick por encima de su cabeza hasta detrás de la nuca.

Atónitos los tres Hockey-Kids empiezan a buscar la pelota detrás de él, por el suelo.

→ Medio

#THE HOCKEY WIZARD

Haz rodar la pelota lentamente y secretamente por el stick hacia tu mano.

Tus apuntes:

Con un movimiento rápido, levanta el stick con la pelota hacia atrás con las dos manos.

Deja caer la pelota por detrás de tu cabeza para que aterrice dentro de tu capucha.

¡Descubre el truco en este vídeo!

No ven nada. Van recorriendo toda la "jaula" con sus miradas; pero, ¿dónde se ha metido la pelota?

"¡Uau!", exclaman, "¡Qué pasada!". Max de un salto se acerca a Bob: "¿Dónde está la pelota? ¡Venga dímelo! ¡Ha desaparecido!".

Bob sonríe, dejándole buscar aún un poco. Entonces, coge su capucha saca la pelota de dentro y se la pone en la mano de Max guiñándole el ojo.

"¡Esto sí que tienes que enseñárnoslo!", grita Lars entusiasmado, "Lena, ¡esto también lo puedes poner en la película!".

Los Hockey Bros. miran sorprendidos a Lena...

"¿De qué película hablas?", preguntan a la vez. Lena se levanta lentamente y dice:

"Bueno... solo es una idea... pero me gustaría hacer una película. Como vosotros... y como los niños de todas las partes del mundo que vi en tu móvil". Llena de entusiasmo y con los ojos iluminados, se dirige a Dave:

"¡He visto tantíííísimas cosas aquí y lo he pensado tanto! ¡Ahora quiero enseñar algo sobre nosotros y explicar por qué nos gusta el hockey, lo que hacemos y como se juega aquí! Me gustaría enseñar la hierba artificial, el pabellón y la carpa. Quiero mostrarles cómo y dónde jugamos al hockey y, sobre todo, lo bien que lo pasamos. Hoy ya les he preguntado a mis padres, quiero decir, sobre Internet y todo esto. Y, ¿Sabéis qué? ¡Me han dicho que sí!".

Lena se gira repleta de excitación y alegría. Max, por el contrario, está decepcionado:

"¡Creía que filmábamos solo nuestros trucos! Como jugamos aquí al hockey... ¡eso no interesa a nadie! El pabellón o el campo de hierba artificial... ¡todo el mundo sabe lo que es!". Bob gira la cabeza:

"No es igual en todas partes. Quien mira nuestros vídeos desde Argentina, Brasil, Vietnam, Tailandia o Perú, encuentra que es especialmente apasionante, como vosotros cuando veis esos cobertizos y esos terrenos de juego lejanos.

En muchos de esos países, solo tienen suelos asfaltados irregulares y pintados con techos de tela ondulada. Allí a eso también se les llama pabellones de hockey. Los campos de hierba artificial, que tienen que regarse, como ya sabéis, es imposible en esos países.

Hace demasiado calor o cuesta demasiado dinero".

Ron añade: "Así es. Allí encontramos más bien un tipo de terreno de juego seco con una variante de arena, ya que el agua es escasa y el sol quema de manera implacable".

"Lena, realmente has tenido una muy buena idea," reconoce Dave. Max y Lars también están convencidos:

"¡Pero, también tenemos que incluir los trucos!". Ambos están decididos. Hoy, sin falta, tienen que preguntar a sus padres si pueden participar en la película. Sin más secretos, ya saben por qué su amiga estaba de tan buen humor horas antes.

Entonces, Max señala algo importante:

"Vale, pero ¿con qué móvil piensas filmar?". Avergonzada, Lena va moviendo el pie de un lado a otro por el suelo.

"Bueno yo creía que podríamos utilizar el tuyo, Dave".

"Pues es imposible Lena... ", responde Dave, "Mira aquí, ¿lo ves? Mi cámara no funciona. Lo siento".

Enseña la parte posterior de su móvil. Ayer hizo una rayada justo en la lente de su pequeña cámara. Lamentándolo, alza los hombros.

"De verdad, lo siento; y Ron y Bob necesitan los suyos... pero, ¿vosotros no tenéis, chicos?", pregunta a Max y Lars. Lars responde con la cara sonrojada:

"Desgraciadamente... el mío tampoco funciona". Mirando a Max, no quiere hablar de la desventura que tuvo con su móvil. Éste añade:

"Ya, y el mío es demasiado viejo y malo. ¡Cuando filmas, no se reconoce nada!".

"¡Yo puedo filmaros!", desde atrás se oye una voz que no les parece nada extraña...

#10 Una verdadera sorpresa

¡¿Leo?!

¡Otra vez él! ¿Qué demonios hace aquí? Y solo, ¡sin su pandilla! Max traga saliva. ¿Qué quiere esta roña? ¿Molestarnos y chulear de nuevo?

Lena, Max y Lars se quedan boquiabiertos... pero... espera, ¿qué es lo que está pasando? ¿Qué ha dicho Leo? ¿Qué quiere filmarnos?

Ron se pone entre los dos "bandos", rompiendo ese incómodo silencio:

"¡Mola que hayas venido!", señalando al grupo Ron, desestabiliza a Lena, Max y Lars: "Habíamos olvidado completamente deciros algo: ayer, cuando os fuisteis, este chico regresó en su bici. Parecía muy interesado, así que le propusimos venir hoy", dice guiñando el ojo.

Max se queda en el suelo desconcertado con un nuevo dolor de barriga. Lena y Lars están demasiado pasmados para decir algo. ¡Qué idea más ridícula!

¡Cómo pueden alegrarse de compartir algo con el fanfarrón más tonto de su escuela!

Los pensamientos de Lars se agitan en su cabeza: aquí, donde era su único propio pequeño mundo de hockey; ¡ese mundo que les había proporcionado tanta felicidad en los últimos días! Y, ¿ahora tenían que compartirlo todo con ese cretino?

Lena, decepcionada, no lo soporta; no puede esconder su disgusto.

Dave se aclara la garganta. "Lena, ¿no habías dicho que querías hablar a todo el mundo de 'nuestro' hockey? ¿Que quieres enseñarles a todos cómo jugáis y por qué os gusta tanto?".

Lena de mala gana lo admite y asiente discretamente.

"Lo ves, esta es precisamente la mejor manera de mostrar a todos lo que hace nuestra hockeyfamilia... una familia donde todo el mundo es bienvenido... Y este camino empieza exactamente aquí, aquí adentro". Con el dedo señala el corazón de Lena.

Lars, inseguro, se pone la mano en el pecho, en el sitio donde se encuentra su corazón y suspira.

Aunque hasta ahora no soportara a Leo, con él y su pandilla podrían formar un buen equipo si todos están de acuerdo. Y, evidentemente, solo si deja de comportarse como un cretino. ¡De esta manera podrían jugar más a menudo! ¿Pero dónde se ha metido el resto de estos insolentes?

Ron se da cuenta de su desacuerdo y continúa hablando: "Lars, podrías explicar al nuevo hockey-amigo lo más importante del hockey e incluso enseñarle un truco. ¡Toma mi stick!".

Y, antes de que Lars pueda responder, empuja al principiante hacia él. Lena y Max alzan los hombros y se apuntan pensativos al juego.

Su pequeño grupo de hockey está creciendo. En principio, eso está muy bien, solo algo diferente de lo que se imaginaban y deseaban.

¡Bienvenido Leo! Sin darse cuenta Lena sacude la cabeza. Pero quién sabe, tal vez esta situación se convierta en algo realmente impresionante, aunque ahora mismo es difícil de creer.

Al día siguiente, los Hockey-Kids van juntos hacia la escuela. Lars, quien casi no se ha vuelto a dormir más, camina entre sus dos amigos.

"¿Y si en la escuela Leo vuelve a ser el mismo estúpido que antes? Ayer estuvo bastante simpático", dice Lars. Max habla dudando:

"Ni idea. Tampoco tengo yo mucha confianza. Una bazofia como él no se convierte de golpe en un chico simpático".

"Pero, si hoy también quiere venir a hockey, ¡no le queda otra opción!", dice Lena algo incrédula.

Justo cuando doblan la esquina, se encuentran a Leo y a sus dos amigos. Y, cuando ellos también reconocen a los Hockey-Kids, de pronto, se dan media vuelta y se alejan con risas estridentes.

Max y Lars se miran uno al otro. Está claro que él es el mayor. "Esto tiene que entenderlo", dice Max.

Lars está de acuerdo: "¡Pues es verdad! ¡Tal y como habíamos dicho! Empieza de nuevo, como si no nos conociera". Pensativa Lena les sigue. Algo no cuaja con Leo...

Después de la escuela, Max está en su habitación delante del vocabulario y, quejándose, abre su libro. Rellena una columna en su libreta. Palabra tras palabra, línea tras línea, recita en voz alta y recorta cada vocablo requerido y llega, sin esfuerzos y en un tiempo récord, a la última palabra.

¡Qué pasada, lo he hecho todo! Se regocija. Cierra su libro contento, coge sus cosas de hockey y sale corriendo a buscar a Lars, quien ya le espera delante de su puerta.

"¿También has hecho los deberes súper rápido? Yo ni me lo creo. ¡Con taaaaantas palabras! ¡Y ya hemos terminado los dos!", dice Lars contento dándose un golpecito en la cabeza.

De buen humor se van a recoger a Lena para ir a jugar a hockey. Dando grandes pasos, solo tardan unos minutos en llegar a su casa.

Llaman a la puerta e, impacientes, juegan dándose toques con las piernas hasta que Lena sale silenciosa. ¡Por fin, vamos allá!

#11 ¡De repente un doble!

Ya delante del taller, Lars abre la gran y pesada puerta y los tres entran en el patio empujándose a través de la estrecha apertura.

Delante de ellos descubren un panorama familiar: Bob ya está allí montando un recorrido con unos neumáticos mientras Ron, muy concentrado, balancea una pelota con su stick: "Up to the Stars!".

"¡Hoy también quiero intentarlo!", dice Lena feliz, "¡Aquí detrás está Dave!".

Se les acerca con determinación hasta que descubre a Leo a un lado. Aparentemente, quiere enseñarnos unos vídeos. Lena suspira decepcionada acercándose lentamente.

"Y, ¿si ahora nos vuelve a mandar al carajo como esta mañana en la escuela?", pregunta Lars a sus amigos en voz baja.

Max levanta los hombros: "Pues es lo que vamos a ver. No me parece nada inteligente y con este show hipócrita... ahora se hace el simpático y mañana en la escuela ni nos conocerá". En este momento, Dave ya los ha visto y se gira hacia ellos:

"¡Hey! ¡Acercaros rápido! ¡Qué bien que hayáis venido! ¡Así podréis empezar vuestra película hoy mismo!".

Max y Lars se apresuran hacia él; en cuanto a Lena, se queda yendo de un lado para otro decepcionada. Pero, en realidad, se alegra de poder empezar a hacer sus propios vídeos, aunque, ¿con Leo? Pensativa, sigue a sus amigos mientras ve la bicicleta azul de Leo apoyada contra la pared...

"Espero que ya hayáis reflexionado sobre dónde queréis empezar vuestro vídeo", les pregunta Dave cuando se ponen delante de él.

"No sé, ¿quizás empezar por algunos trucos?", propone Lars a Lena con un tono interrogativo. Max asiente entusiasmado mirando a Lena.

"No sé... ", rumia indecisa, "Creo que primero deberíamos presentarnos para que se sepa de dónde venimos y quiénes somos".

#UP TO THE STARS

Con el stick, levanta con cuidado la pelota por encima de tu cabeza.

Tus apuntes:

Haz el ejercicio con una pelota de tenis. Flexiona los brazos ligeramente.

Dobla tu espalda hacia atrás - No dejes de mirar a la pelota.

¡Descubre el truco en este vídeo!

Dave se entusiasma: "¡Me parece una idea estupenda! ¡Y después podéis realizar los trucos!", dice guiñando el ojo a Max y Lars, "Para presentaros podéis entrenaros con Jan". Y con estas palabras se levanta para ayudar a Bob con la construcción dejando a los Hockey-Kids sorprendidos.

"Pues vaya, ¡y nos deja aquí pasmados!", refunfuña Max. A la vez Lena susurra a sus amigos emocionada:

"¿Cómo debemos hacer la película? ¡No tenemos ni idea!". Entonces Lars les interrumpe con una pregunta mucho más importante:

"¿Pero quién es ese Jan?".

"¡Soy yo!"

Lena, Max y Lars se dan la vuelta. Delante, aparece Leo.

"¿Tú?", preguntan los tres. Max tiene bastante:

"¡Deja ya de fastidiarnos, Leo! ¡Ya estoy harto! ¡Me largo!". Lars también está enfadado y se da media vuelta para irse. Si es una broma, ¡será sin él!

Mirando fijamente a esa bazofia, ambos se sientan de espaldas en el primer peldaño empujando a Lena. Sin moverse, aturdida, se queda como petrificada. Su cabeza es una bomba a punto de estallar:

¿Qué demonios pasa con Leo? ¿Por qué dice que se llama Jan? ¿No sabe ni él mismo quién es? Los ancianos pueden sufrir de una enfermedad donde se olvidan de todo. Incluso le da casi pena.

Entonces Jan... o Leo... o como quiera que se llame, interrumpe el silencio diciendo:

"Yo soy Jan". Sonríe al ver que los tres le miran como si hubieran visto a un fantasma. "¡Yo no me llamo Leo!".

"¿Qué te hace tanta gracia?", replica Lars molesto, "Claro que te llamas Leo. ¡A nosotros no nos engañas! Te pareces a Leo, hablas como Leo y eres también tan... ¡uf!".

Lars se gira cruzando los brazos. Max les observa en silencio.

Entonces, mira a Lena, quien aún está hundida en sus pensamientos, y a la bicicleta azul de Leo... ese color... ¿no tiene Leo una bici roja? Poco a poco, les invade un sentimiento de tranquilidad. Nada les parece creíble, antes de que Jan les revele una sorpresa...

"Leo es mi hermano. Somos gemelos".

Los Hockey-Kids no se lo pueden creer. "¡Chicos, es una pasada!", se alegra Max. Los tres amigos están más que aliviados ya que, a diferencia de su hermano Leo, Jan parece mucho más simpático y divertido.

"¡Pero Leo es muy guay!", replica su nuevo amigo cuando se da cuenta de que todos se callan al pronunciar su nombre, "Solo que cuando está con sus amigos, siempre se hace el chulillo. Por eso no me apetecía para nada ir a la misma escuela que él".

"¡Qué pena!", dice Max, "¡Podríamos haber ido a la misma clase!".

Jan levanta los hombros y cuenta cómo fue a su nueva escuela solo y como se hizo súper nuevos amigos poco a poco.

"¡Y ahora vosotros!", exclama. Ahora Lena, Max y Lars están seguros de que van a hacerse muy buenos amigos.

"Bueno, ¿y cómo lo hacemos para el vídeo?", oyen cómo preguntan Bob y Dave, quienes acaban de terminar de montar el recorrido.

"¿Ya habéis encontrado una idea fantástica?", pregunta Ron.

"¡Y no veas la que hemos encontrado!", se ríe Lena guiñando el ojo a Jan. Max y Lars les cogen por los hombros y explican al unísono:

"¡Jan parece tener un verdadero don para las pequeñas sensaciones!". Los Hockey-Kids no se lo hacen repetir dos veces y agarran sus sticks y a su nuevo amigo.

#12 Una Hockeyfamilia para todos

Días más tarde, Lena, Max, Lars y Jan están de nuevo sentados encima de una pila de viejos neumáticos en el taller. La tarde anterior, Jan, con su padre, colgó su vídeo en internet. Parecía muy impresionado. Hoy quieren mirarlo todos juntos.

Lena todavía no puede creer que lo hayan conseguido: su pequeña película ya está lista. Cómo es su hockey, por qué les gusta tanto y qué pueden enseñar a otros niños del mundo.

Mientras Jan va repasando parte por parte, Lena le mira desde el lado.

Es increíble cómo se parecen los dos gemelos y cómo les aterrorizó cuando se hizo pasar por su hermano Leo. Pero ahí estaba su bici azul y la angustia se le pasó de inmediato. Lena sonríe.

"Bueno, ¿podemos empezar ya?", dice Jan interrumpiendo sus pensamientos. Max y Lars se acercan un poco más.

"¿No os parece súper emocionante? Muchííííísima gente puede ver ahora ¡cómo jugamos aquí a hockey!", Lars está muy feliz. Jan asiente.

"Vamos, ¡ponlo ya en marcha!", se impacienta Max. Jan espera a Ron, Bob y Dave, quienes no se quieren perder para nada este pequeño estreno.

Cuando todos están mirando la pequeña pantalla entusiasmados, Jan aprieta el botón triangular y la imagen se pone en movimiento. Se ven los sitios donde han estado en los últimos días y donde los Hockey-Kids han practicado una y otra vez sus trucos con sus amigos.

Jan alza el volumen. Mientras Ron, Bob y Dave hacen "malabarismos" con sus sticks algo apartados, en primer plano se ve un pequeño Max que explica lo bien que se lo pasa en la escuela y lo fácil que la encuentra ahora desde que por las tardes puede jugar al hockey.

Entonces un también pequeño Lars aparece en la pantalla diciendo que está de acuerdo con Max y explica que ahora es más fácil salir de la cama por la mañana cuando tiene previsto jugar al hockey.

"¡Eso es lo que querías quitar!", el verdadero Lars, en directo, se queja guiñando el ojo a Jan. Todos se ríen antes de ver los últimos segundos del vídeo. Éstos pertenecen a Lena, ya que fue ella quien tuvo la idea.

En el móvil van pasando en acelerado todos los sitios donde han estado y acaban en un sitio arenoso. No hay campo nuevo de hierba artificial, ni pabellones limpios, solo un suelo irregular, que también podría ser cualquier otra parte del mundo...

"¡Este es nuestro hockey!", habla la pequeña Lena ahora, "Para nosotros no existe nada más bonito que jugar al hockey: no importa dónde... en cualquier momento... con quien sea. Porque es lo que nos gusta y porque nos hace feliz... como a vosotros... porque juntos somos una hockeyfamilia". La pantalla se queda borrosa y luego se apaga.

Todos se callan mirando la pantalla. Comprenden demasiado bien sobre lo que se acaba de hablar y de cómo se sienten al formar parte de esta increíble hockeyfamilia.

Dave se aclara la garganta y Ron y Bob también están algo emocionados.

Pero el fuerte chirrido de la enorme puerta de metal interrumpe, de repente, sus pensamientos. ¿Quién puede ser?

Sorprendidos, se quedan mirando la puerta que se abre despacio hacia un lado.

Max traga saliva y teme que Leo aparezca. Pero el dulce zumbido de un motor y la fina sombra que anuncia su llegada, los deja a todos sin habla mirando a su dirección.

"¿¡Helena!?", dice Lena incrédula.

Dave asiente feliz; Ron y Bob le guiñan el ojo. La sorpresa ha sido un éxito.

A los Hockey-Kids les interesa ver cómo sus tres grandes amigos acompañan a Helena por el patio en silla de ruedas. Los pensamientos de Lena están confusos:

¡Parece ser que Helena no vive lejos de aquí! ¿Cómo podía saberlo? ¿Y si lleva su stick? ¿Y cómo puede manejar su silla de ruedas por el patio con solo un pequeño joystick?

Algo nerviosa, se levanta cogiendo a Lars y Max por las manos y juntos van a saludar a su nueva amiga acribillándole entusiasmados con sus muchas preguntas.

Incluso Jan, algo desconcertado, se añade a sus amigos acordando que:

El Hockey está lleno de sorpresas y es, sencillamente, el mejor deporte del mundo... para todos... en todas partes.

Fin

Trucos

Vídeos

YouTube: "Autorin Sabine Hahn"

En las páginas interactivas "¡Y ahora tú!" encontraréis a la derecha del pie de página un código QR que podéis "fotografiar" con vuestro móvil y llegar directamente al vídeo. Allí podréis ver a los verdaderos WORLD Hockey-Kids y luego intentarlo vosotros mismos.

Los WORLD Hockey-Kids

de Sabine Hahn

Podéis encontrar más información sobre
los libros de Los Hockey-Kids en
www.sabinehahn.net